CATALOGUE

DES

TABLEAUX

PAR

GEORGES BRILLOUIN

DONT LA VENTE AURA LIEU

HOTEL DROUOT

Salle N° 8

Le Lundi 7 avril 1884, à 3 heures précises

COMMISSAIRE-PRISEUR

Me Henri LECHAT, 6, rue Baudin (square Montholon)

EXPERT

M. Jules CHAINE, 17, avenue Trudaine

Chez lesquels on délivre les Cartes d'entrée et le Catalogue

EXPOSITION PARTICULIÈRE

DANS LA GALERIE

DU CERCLE ARTISTIQUE & LITTÉRAIRE

Rue Volney, n° 7

Du Mardi 1er au Samedi 5 avril inclusivement

EXPOSITION PUBLIQUE EN L'HOTEL DROUOT, SALLE N° 3

Le Dimanche 6 avril, de 1 heure à 5 heures

Avant leur dispersion définitive sous le marteau d'ivoire du commissaire-priseur, la plupart des tableaux catalogués ici ont été exposés pendant quelques jours, et pour ne plus rentrer dans l'atelier de l'artiste, au Cercle artistique et littéraire.

En voyant réunies, dans l'élégante intimité du grand salon de la rue Volney, un nombre imposant d'œuvres du même peintre, frappé de leur variété extrême, je me surprenais à maudire une fois de plus l'encombrement formidable et désormais inévitable des Salons annuels. Tel est, et si puissant, l'envahissement par le nombre, que l'on a bien été forcé de limiter l'envoi de chacun. Nous perdons à cela toute notion exacte de la valeur réelle des meilleurs maîtres, j'entends de ceux qui, véritablement artistes et n'étant point seulement des praticiens plus ou moins habiles, des virtuoses du morceau, ont quelque invention dans l'esprit, une curiosité largement ouverte sur tout ce qui, dans la nature, se prête à l'interprétation pittoresque et sollicite d'être fixé par les moyens de l'art.

A ce groupe, à cette belle élite, appartient M. Georges Brillouin. C'est parce que sa main et son regard d'artiste n'ont jamais été que les auxiliaires de son cerveau, les serviteurs d'une pensée réfléchie, que son talent se montre si souple et si ferme à la fois, et varié autant que précis.

Dire que l'exposition de la rue Volney aura révélé à l'improviste cette diversité d'aptitudes serait excessif. Depuis longtemps, sans doute, elle avait éveillé l'attention de ceux qui suivent avec sollicitude le mouvement de l'art contemporain ; mais jamais, dans l'avare répartition des ouvrages au palais des Champs-Elysées, elle ne s'était manifestée avec l'évidence qui se dégage aujourd'hui d'un tel ensemble. Non sans quelque surprise, on avait particulièrement, en ces dernières années, remarqué ce que l'on considérait comme une évolution dans la voie jusqu'alors suivie par le peintre avec tant de succès, un amour qui paraissait tout nouveau chez lui par la nature extérieure : les ciels, les eaux, les champs, les bois, les vallées et les monts, pour le paysage, en un mot, tantôt simplement agreste, doux et familier, séduisant par sa simplicité même, uniquement mouvementé par les caprices de la lumière, de l'heure et de la saison ; — tantôt évoquant les souvenirs pleins de contrastes de la campagne romaine et de la vie pastorale à l'ombre des ruines du monde latin ; — parfois aussi, gracieusement décoratif ; — ou bien enfin, dramatique par le heurt des lignes s'accidentant parmi les escarpements, les roches tranchantes, les abîmes plongeants et les routes en lacet des montagnes.

Eh bien, ce que l'on prenait pour une évolution dans les goûts et le talent de l'artiste n'était, en réalité, qu'un retour à l'une de ses deux origines. On oubliait que M. Georges Brillouin s'honore très ouvertement au livret du Salon, chaque année, d'être élève à la fois de Drolling et de Cabat (1). A quoi donc tendait-il? A concilier la double aspiration de ses premiers penchants : l'être humain avec toutes ses émotions, la nature avec toutes ses beautés, diverses à l'infini. Faut-il donc rappeler que M. Brillouin, bien jeune alors, força l'entrée du Salon avec un paysage de sa chère Saintonge, en cette année 1840, où Eugène Delacroix exposait, sur la même paroi des galeries de bois — qu'on installait alors dans les salles mêmes du Louvre, — la *Barque de don Juan*, récemment léguée au Musée par M. A. Moreau?

Qu'importe après tout! C'est là une question de détail biographique dont nous ne voulons retenir qu'un point, à savoir que l'artiste pourrait, à bien peu de semaines près, célébrer aujourd'hui ses « noces d'or » avec la peinture.

Et que cela est touchant! quand on songe que, — scènes de mœurs des XVIe, XVIIe et XVIII siècles ou paysages héroïques, épisodiques, rustiques, — sans un moment de défaillance, le peintre, en cette longue

---

(1) BRILLOUIN (Louis-Georges), né à Saint-Jean-d'Angély (Charente-Inférieure), élève de Drolling et de M. Cabat. — Rue Pergolèse, 48.

Méd. 1865, 1869 et 1874, décoré de l'Ordre de Léopold (Belgique) 1870.

carrière si noblement remplie, est resté, depuis le premier jour, fidèle à cette belle loi de science, de conscience et d'intelligence, qui se révèle dans toutes les œuvres sorties de sa brosse après avoir été mûries par son esprit.

Car tel est, en effet, le caractère essentiel de son art qu'on n'y trouve pas trace d'une improvisation hâtive, pas l'ombre d'une négligence. Tout y est voulu, réfléchi, calculé, observé, ce qui ne veut pas dire que rien y soit laborieux ni pénible, y sente la fatigue ou l'effort. Je n'y vois que l'amour de la perfection, jusque dans le sujet le plus simple, et le courage tranquille avec lequel sont abordées et résolues les difficultés les plus rares de l'expression morale par l'expression plastique.

De là cette précision, cette probité du talent. Car tout se tient en art. Pour s'astreindre à la patiente exécution d'un motif quel qu'il soit, la première condition est que l'artiste s'y intéresse; pour qu'il s'y intéresse, il faut que ce motif lui offre l'attrait d'une réalisation à poursuivre ; cela suppose donc une préméditation, une volonté préalable. Seulement alors la main se complaît à préciser la conception de l'esprit, à l'éclairer par de menus détails secondaires concourant au but principal. On peut donc affirmer — et la proposition inverse est également vraie — que toute peinture poussée à fond comme exécution trahit une analyse scrupuleuse du sujet; et réciproquement, que toute pensée pittoresque, scrupuleusement étudiée, entraîne, d'une façon infaillible, le désir immuable de bien faire et, par conséquent, toutes les recherches du procédé. Voilà vraiment qui n'est pas à dédaigner. De tels tableaux, à vieillir, ne perdent rien de leurs qualités de la première heure; bien au contraire, et nous pourrions citer nommément telles œuvres, d'ancienne date, de M. G. Brillouin, qui, revues il y a quelques mois dans une grande collection à l'étranger, ont acquis, avec le temps, une singulière intensité de coloration sous une particulière beauté d'émail.

Porté par de précieuses facultés d'observation morale à l'étude de l'être humain avec quelque pointe de douce ironie et de malice spirituelle sans rien d'amer, l'artiste s'est, de préférence, arrêté aux siècles qui précèdent le nôtre immédiatement. L'homme variant peu ou point au fond, le peintre a cherché la grâce ou le plaisant des costumes entre la Renaissance et l'Encyclopédie. Il n'y trouvait point seulement de jolis prétextes de forme et de couleur, mais aussi des éléments d'accentuation humoristique par le suranné très cherché du décor et du milieu.

En toutes ces scènes charmantes, qu'il n'y ait qu'un personnage — comme dans le *Bibliophile*, où la perplexité naïve du vieux savant, découvrant un texte inédit, est si délicieusement exprimée, comme dans le *Fumeur*, de facture si serrée, où plusieurs, comme dans le *Bureau des nouvelles*, les *Mauvaises langues*, la *Gazette au cabaret* et tant d'autres pages aimables de la vie de village, de la vie bourgeoise, de la vie élégante, de la vie militaire : toujours et partout le sentiment des personnages ordonne le reste de la composition. C'est lui qui détermine l'expression des visages et, d'accord avec cette expression, celle aussi de tout le corps, la mimique impeccable chez M. Brillouin des mouvements, des attitudes, des gestes certains, individuels au personnage, bien à lui, rien qu'à lui.

Aussi dans ces œuvres, malgré l'importance de l'accessoire, du mobilier, du costume, de l'architecture intérieure, de la nature morte, jamais ce décor n'est ce qui intéresse le plus, jamais il ne prévaut sur l'essentiel, n'écrase l'homme ou seulement le domine. L'homme occupe la première place, attire le premier regard et le retient jusqu'à ce que, satisfait amplement, celui-ci se reporte enfin au milieu même où agit, rêve, pense, joue, cause le héros du petit drame. Sereine ou railleuse, la pensée, l'humaine pensée habite sous le front de ces cavaliers, de ces joueurs, de ces pâtres, elle brille dans leurs regards, avec la diversité sans cesse renouvelée des nuances du sentiment dans une même action. Car il y a cent façons de rêver, de fumer, de jouer, par exemple, selon qu'on joue loyalement ou non, pour le gain ou « pour l'honneur. » Et c'est là ce qu'avec une science accomplie de la pantomime, exprime de la façon la plus lucide, la plus précise, sans indécision, ambiguïté ni doute possible, l'art de M. Brillouin.

Cette même rigueur de précision et d'expression, on la retrouve tout naturellement dans les paysages familiers ou épisodiques de l'éminent artiste. Ici les phénomènes de la lumière jouent un rôle important, il leur est fait la plus large part, celle précisément qui note le sentiment et donne l'expression (un mot répété fréquemment en ces lignes, mais de toute nécessité).

Ajouterai-je que parmi ces soixante tableaux, d'aspect et de genre si différents, je me sens une prédilection pour certains paysages composés, traversés par des scènes militaires de l'allure la plus vive.

On trouvera aussi, dans le nombre, de très précieuses études pour des tableaux bien connus, comme les ***Noces de Georges Dandin*** et d'autres morceaux plus précieux encore, à mon sens : de simples têtes d'expression, mais de dimensions beaucoup plus grandes que celles auxquelles le peintre se restreint habituellement. Elles dévoileront aux moins clairvoyants ce qu'il se cache de savoir dans la construction si sûre, si nerveuse de tout ce peuple de petits personnages, tous animés d'une vie propre et parlante.

Voilà qui prouve bien que rien n'est livré au hasard de la touche, à la fortune de l'improvisation, à la capricieuse folie de la brosse dans l'œuvre de l'excellent artiste. Et c'est au moyen de telles certitudes qu'il arrive à des bonheurs de relief puissant, — je prends un tableau au hasard — comme celui que présente le chien et les jambes de l'enfant royal dans l'***Enfance de don Carlos***, c'est ainsi qu'il atteint au naturel du geste si parfait, comme celui du pâtre au bâton et du pâtre à l'allumette dans le ***Repos des pâtres***. Le charme de l'œuvre d'art est vraiment décuplé quand, aux combinaisons purement pittoresques, il s'ajoute, de la sorte, un tel charme pour l'esprit.

Ernest CHESNEAU.

CATALOGUE

CONDITIONS DE LA VENTE

La vente sera faite au comptant.

Les acquéreurs payeront cinq pour cent en sus des enchères applicables aux frais.

Paris — Imp. ALCAN-LEVY, 61, rue Lafayette.

TABLEAUX

PAR

GEORGES BRILLOUIN

DÉSIGNATION :

1. Le Bureau des Nouvelles.

H. 0.58 — L. 0.72

2. La Maladie de Polichinelle.

H. 0.47 — L. 0.52

3. Callot chez les Condottieri.

H. 0.36 — L. 0.45

4. L'Enfance de Don Carlos.

H. 0.47 — L. 0.52

5. Les Mauvaises Langues.

H. 0.41 — L. 0.49

6. Les Racoleurs.

H. 0.92 — L. 0.57

7. Le Vieux Jardinier.

H. 0.92 — L. 0.57

8. Le Bibliophile.

H. 0.68 — L. 0.55

9. Les Politiques de Village.

H. 0.18 — L. 0.24

10. La Partie de Cartes au Corps de Garde.

H. 0.20 — L. 0.26

11. La Sérénade a quatre voix.

H. 0.24 — L. 0.18

12. Fine Taille.

H. 0.27 — L. 0.20

13. Le Madrigal.

H. 0.60 — L. 0.48

14. Le Jaloux.

H. 0.21 — L. 0.14

15. Fumeur.

H. 0.20 — L. 0.14

16. L'Enrolé malgré lui.

H. 0.24 — L. 0.13

17. La Faction.

H. 0.24 — L. 0.13

18. Tableau a vendre.

H. 0.24 — L. 0.18

19. Un Capitaine.

H. 0.35 — L. 0.27

20. La Petite Provence.

H. 0.13 — L. 0.20

21. Le Repos des Patres dans la Campagne de Rome.

H. 0.25 — L. 0.31

22. L'Alerte.

H. 0.24 — L. 0.32

23. En Vedette.

H. L.

24. Officiers en reconnaissance.

H. 0.23 — L. 0.31

25. L'Escorte.

H. 0.21 — L. 0.27

26. La Visite.

H. 0.21 — L. 0.16

27. La Leçon du Père capucin.

H. 0,18 — L. 0.24

28. Cinq-Mars attendant l'audience du Cardinal.

H. 0.11 — L.0.075

29. Cavaliers partant pour la Sérénade.

H. 0,11 — L.0.075

30. Causerie d'Artistes en Italie.

H. 0.26 — L. 0.34

31. Souvenirs heureux.

H. 0.26 — L. 0.21

32. Regrets tardifs.

H. 0.26 — L. 0.21

33-41. Neuf Études pour le tableau : *Les Noces de George Dandin.*

H. L.

42. Tête d'Étude.

H. 0.18 — L. 0.13

43. Le Corrégidor.

H. 0.26 — L. 0.20

44. Tête d'Étude.

H. 0.18 — L. 0.13

45. Jeune Pifferaro.

H. 0.36 — L. 0.18

PAYSAGES

PAYSAGES

46. PRAIRIES DE LA VERGNE : *en Saintonge.*

H. 0.97 — L. 1.28

47. LE COMMUNAL DE PIÉPOUZIN ; *souvenir des Deux-Sèvres.*

H. 0.74 — L. 1.07

48. LE BOIS DE CHÊNES DE CHORLET A LA BOURBOULE.

H. 0.57 — L. 0.92

49. L'ABREUVOIR DE LA DOYE ; *souvenir des Deux-Sèvres.*

H. 0.41 — L. 0.57

50. PRAIRIES DE LA DORDOGNE, *aux environs de Castillon.*

H. 0.46 — L. 0.68

51. LA CHAUMIÈRE ISOLÉE; *souvenir des Deux-Sèvres.*

H. 0.55 — L. 0.37

52. PATURAGE.

H. 0.26 — L. 0.34

53. LA BASSE-COUR DU CHATEAU DE CHAILLER.

H. 0.17 — L. 0.24

54. CHEVAUX AU LABOUR; *environs de Niort.*

H. 0.20 — L. 0.26

55. ANES ET MOUTONS DANS LA COUR DE L'ARA-CŒLI; *souvenir de Rome.*

H. 0.35 — L. 0.27

56. BORDS DE LA DORDOGNE.

H. 0.26 — L. 0.34

57. ENVIRONS DE CASTILLON, *bords de la Dordogne.*

H. 0.15 — L. 0,29

58. PATURAGE A PIÉPOUZIN; *Deux-Sèvres.*

H. 0.23 — L. 0.32

59. ENVIRONS DE PAMPROUX; *Deux-Sèvres.*

H. 0.32 — L. 0.38

60. LES CHARRETTES DU MARCHÉ A ROYAN.

H. 0.22 — L. 0.32

61. PINS ET DUNES A ROYAN, *à l'embouchure de la Gironde.*

H. 0.23 — L. 0.32

62. Le Soir dans la Forêt de Fontainebleau.

H. 0.26 — L. 0.34

63. Le Chemin dans la Montagne; *souvenir d'Auvergne.*

H. 0.26 — L. 0.34

64. La Rentrée du Troupeau par un temps de pluie.

H. 0.26 — L. 0.34

65. La Ferme de Piépouzin; *Deux-Sèvres.*

H. 0.23 — L. 0.32

www.ingramcontent.com/pod-product-compliance
Ingram Content Group UK Ltd.
Pitfield, Milton Keynes, MK11 3LW, UK
UKHW032032260826
14628UKWH00006B/2905

9 782329 501758